TERPEREAU

ARTISTE PHOTOGRAPHE A BORDEAUX

EXTRAIT D'UNE BIOGRAPHIE CONTEMPORAINE

PARIS
IMPRIMERIE ET LIBRAIRIE CENTRALES DES CHEMINS DE FER
IMPRIMERIE CHAIX
SOCIÉTÉ ANONYME AU CAPITAL DE SIX MILLIONS
Rue Bergère, 20
1883

TERPEREAU

ARTISTE PHOTOGRAPHE A BORDEAUX

EXTRAIT D'UNE BIOGRAPHIE CONTEMPORAINE

PARIS
IMPRIMERIE ET LIBRAIRIE CENTRALES DES CHEMINS DE FER
IMPRIMERIE CHAIX
SOCIÉTÉ ANONYME AU CAPITAL DE SIX MILLIONS
Rue Bergère, 20
1883

TERPEREAU

ARTISTE PHOTOGRAPHE A BORDEAUX

(Extrait d'une biographie contemporaine.)

Bordeaux, qui s'enorgueillit d'avoir vu naître Ausone, Montaigne et Montesquieu, pour ne parler que de ces grands hommes, peut aussi revendiquer de nombreuses illustrations artistiques, soit qu'elles aien eu leur berceau dans cette ville où l'esprit, le talent et le goût sont indigènes ; soit qu'elles y aient conquis droit de cité, en y acquérant, qui par le pinceau, qui par le ciseau, qui par le crayon même une réputation brillante. Parmi ceux-ci, nous citerons aujourd'hui, M. Terpereau, photographe-*artiste*.

TERPEREAU (Jules-Alphonse) naquit à Nantes (Loire-Inférieure), le 14 juin 1839. Quand sonna pour lui l'heure d'embrasser une carrière, il préféra à toute autre celle des armes. Engagé volontaire, à 17 ans, au 13ᵉ de ligne, il fit avec son régiment la campagne de Syrie en 1859-1860, passa ensuite au 88ᵉ d'infanterie, et sortit des rangs sous-officier, presque à la veille d'obtenir l'épaulette.

Le temps que M. Terpereau passa au régiment ne fut pour ainsi dire qu'un temps d'épreuve ; sa vocation l'appelait ailleurs. Il avait fréquenté dans sa première jeunesse les écoles de dessin et les ateliers de M. de Villecholle, son beau-père. Or, M. de Villecholle s'était fait à Paris, sous le pseudonyme de *Franck*, une grande réputation parmi les photographes que recherchait le meilleur monde. Quoi d'étonnant que notre jeune militaire se soit épris, même sous les drapeaux, d'une passion irrésistible pour le bel art de Niepce et de Daguerre? La gloire naît en ce genre comme en tout autre de l'habileté de l'opérateur, et surtout du succès ; *Franck*, honoré d'un grand nombre de distinctions, n'en était-il pas le meilleur témoignage?

Guidé par sa bonne étoile ou, pour mieux dire, par ce pressentiment qui dirige l'homme en voie de chercher la fortune, M. Terpereau vint se fixer à Bordeaux, en 1861. Cette ville comptait déjà des photographes en renom ; mais le nouveau venu n'était pas d'humeur à suivre des voies battues ; né artiste, formé à l'école des maîtres, artiste il résolut de se montrer dès son début dans la carrière. Il remarqua de bonne heure qu'il n'existe pas de département, en France, où l'on rencontre des sites aussi pittoresques, des vues plus étendues, des accidents de terrain, des jeux de lumière plus variés, une nature si riche enfin que dans la Gironde. Est-il là un grand vignoble sans palais ? Lafite et Margaux ont de nombreux vassaux qui sont suzerains à leur tour d'une multitude de châtellenies dont les noms sont inscrits en lettres d'or sur la carte vinicole de cette région.

Quel vaste champ s'ouvrait aux aspirations et à l'activité de l'artiste ! Bientôt il parcourut en vainqueur le pays où s'étalent tant de richesses et s'acquit dans un genre nouveau la réputation d'un véritable paysagiste. Aussi les journaux de la localité de s'écrier : « Aimez-vous les arts ? visitez les splendides expositions de M. Terpereau. On sait comment notre nouveau concitoyen a débuté dans notre ville : par la reproduction des grands travaux mécaniques et industriels, des points de vue, des bas-reliefs, des modèles de statuaires et des paysages. Ses portraits sont de véritables miniatures. Nous avons eu l'*Ami* et le *Médecin* des enfants, nous avons aujourd'hui l'imagiste des bébés. »

Pour avoir une juste idée des travaux exécutés par l'habile photographe bordelais, le visiteur ou plutôt l'amateur n'a qu'à consulter les nombreux et riches albums que l'artiste se plaît à mettre à la disposition de quiconque le désire, avec une affabilité qui lui est particulière. « Quand on excelle dans son art, a dit un penseur, Bossuet peut-être, et qu'on lui donne toute la perfection dont il est capable, l'on en sort en quelque manière. » Eh bien, c'est le cas de M. Terpereau.

Pour notre part, nous nous sommes arrêté avec complaisance durant de longues heures devant ces recueils qui offraient à nos regards les grands crus du département de la Gironde, ces splendides villas qu'a créées la fantaisie sur un sol où régnait autrefois la solitude *(heri solitudo)*, le superbe casino d'Arcachon, la mer dont la nappe se perd à l'horizon dans un vaste océan d'azur, d'innombrables travaux industriels, tels que ponts gigantesques, gares et lits de chemins de fer, passerelles, viaducs, bassins à flot, quais, navires, long-courriers, en rade ou sur railway, docks, phares du littoral, les appareils de la Société centrale de sauvetage. Enfin, et pour en finir avec cette nomenclature, la vue générale de Bordeaux, aux temps anciens, dessinée avec tant de précision et d'intelligence par un artiste en renom; puis les principales planches des dessins publiés par la Société d'Archéologie de la Gironde, car l'érudition est et doit être aussi l'apanage du créateur de tant d'œuvres d'art : le génie et la main sont ici inséparables.

On comprend facilement, après cela, que les administrations publiques, les corps des ponts et chaussées, par exemple, aient souvent fait appel au talent de notre photographe pour reproduire des travaux destinés à servir de modèles ou qui méritent de rester dans le souvenir. C'est ainsi qu'il a exécuté pour l'Administration des télégraphes, les types qui ont figuré à l'Exposition de Paris, et qu'il continue à reproduire pour les Ponts et chaussées, les principaux viaducs de France. Aussi Terpereau est-il aujourd'hui le photographe officiel du Ministère de l'Instruction publique et des Beaux-Arts, ainsi que du Ministère des Travaux publics, etc., etc...

D'éminents services rendus à la cause de la défense nationale nous amènent à faire revivre de douloureux souvenirs. On se rappelle et on se rappellera toujours, car le passé doit rester la leçon de l'avenir, l'embarras dans lequel se sont trouvés les chefs de corps en 1870-1871. Dès le 21 juillet, à Saint-Avold, le commandant du 2e corps se plaignait de ne pas avoir à sa disposition une carte de la frontière de l'Est, et, au mois d'octobre, le général commandant de la 1re division du 15e corps, général Martin des Pallières, en était réduit, pour combiner des opérations décisives, à consulter un guide Joanne, alors que le plus simple officier de l'armée prussienne avait sa carte topographique. Le hasard, ou plutôt une heureuse chance permit qu'un brave officier d'infanterie de marine retraité, mais qui s'était fait incorporer dans l'armée de la Loire, conçût la pensée de reproduire par la photographie et l'autographie des cartes de l'Etat-major à l'échelle de 1/80,000^e. Mais il s'agissait de trouver un matériel, de rencontrer des dessinateurs, et surtout de mettre la main sur des photographes capables de faire de pareilles épreuves.

Les premiers essais eurent lieu à Tours, dans les ateliers de M. Blaise ; mais la majeure partie de l'œuvre est due à M. Terpereau ; car sur 110 clichés, 84 furent produits à Bordeaux. On comprendra facilement les obstacles de toute nature qu'eut à vaincre le coopérateur du capitaine Jusselain ; tout manquait : glaces, appareils, presses pour l'impression, les bras même : les hommes valides étaient sous les drapeaux. Et cependant, les envoyés du ministère demandaient à grand cri des cartes dont le besoin impérieux s'imposait de toute part. Cependant, grâce à l'activité et à l'intelligence de M. Terpereau, la besogne marcha lestement, et bientôt le ministère n'eut plus qu'à le féliciter de la rapidité et de la bonne exécution de ses productions. Et M. le capitaine Jusselain de dire dans son rapport au Ministre de la guerre, en lui signalant ses services : *M. Terpereau est un très intelligent et habile photographe.* L'éloge avait d'autant plus de prix qu'il avait fallu piocher jour et nuit, pendant deux mois d'un rude hiver, et fermer sa maison au public, par le plus noble désintéressement, avant d'obtenir ce mot si cher au cœur d'un Français : *il a bien mérité de ta patrie !* C'est là la seule récompense qu'ait obtenue M. Terpereau... Disons, en finissant sur ce point, que le corps d'État-Major avait déclaré le travail impossible, et qu'il était d'autant plus juste de signaler cet empressement et ce désintéressement, qu'on ne l'a pas toujours rencontré.

Lorsque M. Terpereau rouvrit ses salons au public, on put remarquer que ses expositions affectaient un caractère tout patriotique. A la place de ces paysages d'un rare relief et d'un effet saisissant, des épreuves analogues avec le sentiment dominant : l'Alsace et la Lorraine, sous les traits d'une femme belle des dons de la nature, mais dont les traits portaient l'empreinte de la douleur; des clichés des environs de Paris qui avaient le plus souffert des horreurs de la guerre; les ruines du palais de Saint-Cloud, la rue Royale de cette ville, le fort Montrouge, le magnifique parc du Château tel que les Vandales l'avaient laissé; oui, une pensée plus noble que celle d'exciter la curiosité ou d'attirer les regards dans un but spéculatif guidait l'artiste en mettant sous les yeux des vaincus ces débris fumants qui, en excitant la pitié dans nos âmes, y portaient la haine de l'étranger envahisseur et criaient : vengeance!

L'année 1873 marqua une étape heureuse dans la carrière que parcourait avec tant de succès l'artiste que Bordeaux avait définitivement adopté : il eut l'honneur de figurer parmi les lauréats de l'Exposition de Lyon.

Les éloges ne manquèrent pas à notre artiste, mais l'éloge, cette fois, était à la hauteur du mérite. La réputation de l'auteur de tant d'œuvres remarquables s'était étendue jusqu'à Paris, et la Direction de *l'Illustration*, si difficile dans le choix de ses collaborateurs, s'attacha M. Terpereau en qualité de correspondant.

On a dit souvent et surtout depuis les nombreuses et utiles applications de la photo-peinture que, dans certaines mains, la photographie était entrée victorieusement dans le domaine de l'art; il n'en faudrait pour preuve que les progrès vraiment merveilleux qu'elle a su faire depuis tantôt un quart de siècle. Cependant, jusqu'à ces derniers temps, tout le monde n'avait pas été de cet avis. Mais M. Terpereau, qui avait conscience de la valeur de ses productions, résolut un jour de faire vider définitivement la question par des juges compétents. L'Académie de Bordeaux, comme l'Institut de France, compte une section des Arts; M. Terpereau lui adressa, en 1875, ses plus savantes épreuves, en appelant sur elles l'intérêt et l'appréciation du corps savant.

L'examen de la Commission chargée de faire un rapport porta sur trois conditions principales :

1° Les moyens employés pour obtenir les épreuves;

2° Leur examen au point de vue de l'art;

3° Enfin les applications auxquelles la photographie peut donner lieu.

Il résulte du Rapport que les ateliers, les appareils et les produits employés par M. Terpereau ne laissaient rien à désirer. Maintenant nous laissons la parole au Rédacteur lui-même dans la crainte d'affaiblir sa pensée :

« ..... De la photographie, maintenant on peut passer à la lithographie et à la phototypie ; c'est-à-dire qu'une photographie peut être reportée sur pierre et être ainsi reproduite rapidement à un grand nombre d'exemplaires, et que d'une autre part, des épreuves ou des clichés photographiques peuvent aussi, par l'intervention de la galvanoplastie, être introduites dans le texte des différents ouvrages et

donner rapidement et à très bas prix un grand nombre d'exemplaires par l'intervention de la typographie.
— Les applications de ce dernier ordre pouvant être éminemment utiles à la science, à son enseignement, au commerce, et on peut le dire, à tout ce qui a besoin d'être répandu et connu par la publicité... »

L'homme de science s'est prononcé, un délégué des Beaux-Arts va prendre la parole : « Je n'avais pas encore vu des reproductions de paysages ou de monuments d'une aussi grande dimension, parfaitement claires et nettes dans toutes les parties du dessin et surtout sur les bords s'éloignant de l'appareil. Dans les reproductions de monuments, presque toujours les grandes lignes sont courbes et celles qui devraient être verticales, hors d'aplomb. Cet inconvénient n'existe pas dans les reproductions de M. Terpereau. »
Ces résultats « tiennent à l'expérience, au tact de l'opérateur qui arrive à conserver dans ses vues étendues des dégradations de plans et de teintes qui ajoutent la perspective aérienne à la perfection mathématique de la perspective linéaire. — Une grande difficulté en photographie est de rendre la verdure. Les arbres viennent ordinairement noirs, durs sur le ciel et ne représentent que des surfaces plates et sans modelé. M. Terpereau m'a montré des reproductions de fourrés, de végétations diverses, à plusieurs plans ; le résultat obtenu m'a paru très remarquable. Les lumières, les ombres y sont parfaitement distinctes, les ombres transparentes, les feuillées nettes et sensiblement variées, et la teinte générale blonde et douce y conserve cependant toute la fermeté désirable. »

Les applications. — « La photographie, continue le Rapporteur, ne se borne point à reproduire des portraits, elle donne lieu à une foule d'applications qui offrent le plus vif intérêt... On conçoit effectivement que la facilité avec laquelle on peut reproduire tout ce qui existe dans la nature et d'en avoir le dessin exact sur un simple papier ou sur tout autre corps, si on le veut, ait pu donner d'immenses résultats. — Les seules applications obtenues par M. Terpereau sont très considérables, et je vais essayer d'en donner un bref aperçu.

» Pour l'agriculture, l'horticulture et la botanique, on peut reproduire des végétaux, des fleurs, des fruits, des graines, l'ensemble d'une serre et même la vue pittoresque d'un établissement agricole... Pour la zoologie, on peut donner la figure exacte d'animaux déterminés et même celle des plus hauts types que l'on voit figurer dans les expositions ou dans les courses lorsqu'il s'agit de chevaux.

» On peut ajouter qu'il serait facile de joindre aux premiers éléments des sciences naturelles et à leurs applications, l'anatomie immédiate et l'anatomie élémentaire ou histologie en faisant intervenir le microscope. — La géologie a pu trouver aussi un intérêt réel dans la reproduction exacte de la conformation des terrains, des accidents dont ils sont l'objet et des montagnes dont la disposition spéciale, tout en charmant le regard, devient en même temps le champ d'une instruction positive.

» Les grands travaux de construction, les voies ferrées, les ponts en fer, une foule d'édifices ont été représentés par la photographie et les exemplaires en ont été soumis à notre appréciation. — On peut par ce moyen éminemment remarquable, avoir une représentation exacte de ce qui existe et permettre, pour ainsi dire, d'observer les travaux et les monuments photographiés, à des distances immenses et avec la certitude qu'aucun détail n'échappe à l'observation.

» Les figures et les dessins ainsi obtenus peuvent servir de pièces à consulter soit par des sociétés industrielles qui veulent rendre compte des travaux accomplis, soit par des tribunaux qui sont appelés à donner leur appréciation et à juger. — Il en est ainsi pour les bâtiments incendiés. — La photographie permet de reproduire les écritures quelles qu'elles soient, les manuscrits, les signatures vraies ou fausses, et là, les tribunaux peuvent encore y puiser des ressources, dont ils ne jouissaient point il y a un petit nombre d'années. — La marine trouve aussi des applications utiles dans la photographie par la reproduction des navires, soit lorsqu'ils sont en bon état, soit lorsqu'ils ont été avariés par des causes quelconques. — Le commerce trouve aussi un avantage considérable dans l'exactitude de ce mode de reproduction qui permet de représenter des objets d'art, des meubles, des poteries, des reproductions spéciales qui permettent de transporter au loin des indications précises sur leurs formes et leur style artistique... Les détails qui viennent d'être exposés, dit en terminant le Rapporteur, suffisent pour faire comprendre que non seulement M. Terpereau est un habile photographe, mais qu'il a considérablement étendu le domaine de son art et que, par ses connaissances et son dévouement il a même rendu d'immenses services à notre patrie ».

Le rapport si lumineux dont nous n'avons pu reproduire ici que les principales dispositions conclut en demandant à l'Académie qu'elle veuille accorder à M. Terpereau la récompense honorifique *la plus élevée* qu'il soit en son pouvoir de donner. « C'est la première fois, a dit un journal, en annonçant au public qu'une médaille d'or avait été accordée à M. Terpereau par l'Académie des sciences, belles-lettres et arts de Bordeaux, que l'Académie décerne une récompense à la photographie ».

La décision de l'Académie de Bordeaux a eu une portée qui n'a point échappé à la sagacité du lecteur : la photographie était rentrée désormais par une porte quasi officielle dans le domaine de l'art et des beaux-arts, s'il vous plaît. Serait-il possible aujourd'hui de citer la nature et le nombre des applications industrielles ou scientifiques auxquelles elle saura se prêter? Qui ne sait quels avantages en retire déjà l'astronomie et la physique lorsque nos savants partent à travers le monde pour observer et conserver la figure même microscopique de ces phénomènes célestes qui exigent une reproduction instantanée et qu'il s'agit de dérober, pour ainsi dire, à la voûte des cieux ? Que de richesses nouvelles acquises par ce moyen à la photologie ! Que de révolutions dans les théories qui ont fait jusqu'à ce jour le désespoir des savants et que de solutions promises à la science ! Deux systèmes divisent les académies au sujet de la théorie de la *lumière solaire* et de sa *chaleur* : le système de l'*émission* et le système des *vibrations* ou *ondulations*. Les partisans du premier système s'appuient sur l'autorité de Newton, prétendant que le soleil, comme tout corps lumineux, a la propriété de lancer avec une très grande vitesse les particules de son *être*.

Les partisans du second système pensent que le phénomène de la lumière est produit par les vibrations d'un fluide répandu dans toute la nature, et qu'ils nomment *éther*, lequel est mis en mouvement par la présence des corps lumineux. Ce dernier système avait réuni les opinions des physiciens. La polarisation de la lumière et ses rapports avec les phénomènes électriques avaient corroboré ce système; il semblait être comme complètement confirmé par la belle expérience de M. Pouillet sur la température des rayons lumineux ; et voilà que le daguerréotype est venu de nouveau renverser le système des cartésiens pour nous ramener à celui de l'émission, que les rares disciples de Newton osaient à peine soutenir encore; et les expériences de ce moderne instrument ont été si concluantes, que M. Arago, Arago lui-même, s'est trouvé forcé d'en convenir à la tribune, lorsqu'il demanda, au nom des sciences, une récompense nationale pour MM. Niepce et Daguerre. Le nom de M. Terpereau n'a rien à faire ici, dira-t-on peut-être; mais son art n'est-il pas en jeu quand il s'agit de l'utilisation de la lumière et n'est-il point passé maître dans la manière de s'en servir ? Ah ! il semble que les génies les plus célèbres n'aient produit que des curiosités, et que l'application utile de ces belles inventions soit due ensuite à des intelligences sans théorie, à d'habiles praticiens, si l'on veut.

Mais revenons plus directement à notre sujet. Lors de l'Exposition internationale, fluviale et maritime qui eut lieu, à Paris, en 1875, les œuvres envoyées par M. Terpereau consistaient en reproduction de navires, de marines, de phares et d'engins de navigation et de sauvetage. Nul ne pouvait lui disputer la place d'honneur; aussi obtint-il à ce concours une médaille de première classe.

« Chez M. Terpereau, écrivit-on alors, le métier devient un art que peuvent envier bien des gens; toujours la difficulté est abordée avec une hardiesse étonnante. Ce ne sont plus des épreuves, ce sont de véritables tableaux de genre qui peuvent orner le salon le plus luxueux et satisfaire les plus difficiles. »

Un peu plus tard, si nous ne nous trompons, M. Franck de Villecholle, dont il avait été l'élève, présenta à la Société de photographie le modèle d'un appareil portatif, appelé *laboratoire Terpereau*, dont on a pu voir figurer le dessin dans l'*Illustration*. Le rapport dont cet appareil fut l'objet en fait le plus grand éloge; il est devenu en quelque sorte indispensable pour l'opérateur en campagne.

Disons en terminant que le médailler de M. Terpereau compte plus de 20 médailles de toute nature, de toutes classes obtenues aux expositions de Paris, Bordeaux, Lyon, Toulouse, du Chili, de l'Italie, d'Haïti avec diplôme d'honneur.

Nous ne parlerons pas d'un grand nombre de distinctions honorifiques qui sont du moins pour lui le couronnement d'une renommée justement acquise.

Nota. — Nous en étions à corriger les épreuves de cette notice, lorsqu'il nous a été donné de lire dans un journal de Bordeaux une appréciation judicieuse des récents travaux exécutés par M. Terpereau pour le compte des Travaux publics. On accuse souvent le biographe d'être trop plein de son sujet; aussi saisissons-nous cette occasion d'en appeler au témoignage d'autrui :

« A la suite d'une commande de l'Etat, l'excellent photographe que tout Bordeaux connaît, M. Terpereau, vient de faire une tournée fructueuse en beaux clichés, dans la Lozère, le Cantal et l'Aveyron où sont activement poussés les travaux exceptionnellement ardus des chemins de fer de Neussargues à Marvejols, et de Mende à Séverac. La ligne ne quitte pas un instant cette région si belle dont M. Terpereau a pris de superbes vues. Les ouvrages d'art dont il a tiré des épreuves sont très nombreux; ce ne sont que souterrains, ponts et viaducs souvent gigantesques, toujours d'une remarquable construction.

» Au nombre des épreuves que nous avons parcourues dans les salons de M. Terpereau, nous citerons la vue générale de Mende et de ses environs; et parmi les reproductions des ouvrages d'art, le viaduc de Garabit (Cantal), dont les piles ne mesurent pas moins, au point central, de 125 mètres de hauteur; les viaducs de la Crueize, de Rimeize, de Plaisance, de Sénouard, de Chanteperdrix, etc.; les souterrains d'Aumont, de la Grifouillère, la tranchée du souterrain de Lestourat, le pont de Piou, le mur de consolidation d'un flanc de coteau à la gare de Chasnac.

» Tous les clichés, qui sont de dimensions magistrales, seraient à citer par le goût qui a présidé aux choix des points de vue et aussi par la perfection irréprochable de leur fixation.

» M. Raynal, ministre des travaux publics, à qui l'album a été soumis, à son passage à Bordeaux, a fait appeler M. Terpereau et l'a vivement félicité des reproductions vraiment artistiques qui le composent. »

www.ingramcontent.com/pod-product-compliance
Lightning Source LLC
Chambersburg PA
CBHW060453050426
42451CB00014B/3297